はじめての
マーケティング

はしがき

　この本はマーケティングをはじめて学ぶ人のために書きました。大学生でも、社会人でも、どんな形であっても「はじめて」マーケティングを学ぼうとしている方を対象に書きました。この本は、世の中にあふれるマーケティングのどんな教科書にも書かれている内容のエッセンスだけを書いています。あっという間に読めますし、イラストレーターの北村裕花さんが描いてくれている親しみやすいイラストを使えば、マーケティングの要点を簡単に思い出すことができます。基本さえ身に付ければマーケティングのたいていの問題は解決することができるようになりますし、応用力を磨くこともできるようになります。この絵本を是非、いつも持ち歩いて読み返してください。気がつくとあなたは「敏腕マーケター」になっているはずです。多くの人がこの本でマーケティングを身近に感じてくれるようになれば嬉しいです。

小川　進／文
北村　裕花／絵

1 マーケティングの原点

創造される欲望と顧客

　昔の人には私達の生活がどううつるのでしょうか？　部屋の床は、かいがいしく動き回る自動掃除機がきれいにし、汚れた食器はスイッチ一つで食洗機が元通りにしてくれます。スマホは持ち主以上に主人のことを理解し（持ち主に関するデータがいつでも引っ張り出せ）、話しかければ大抵の質問に答えてくれます。

　そこには間違いなく、かつては存在しなかった私達の欲望があります。手間をかけず部屋をきれいに保ちたい。食器を洗う時間をできるだけ節約したい。知りたいことの答えを瞬時に知りたい。そんな欲望を創りだし、応えているのが自動掃除機であり、食洗機であり、スマホのアプリなのです。

　「欲しい」という気持ちを私達の心に芽生えさせた製品を、気がつくと私達は購入しています。それは、これまで存在しなかった購入者が新たに生まれていることを意味します。

　企業の目的は顧客の創造だ。経営学者のピーター・ドラッカーは言っています。マーケティングとイノベーションがそのための活動で、他はすべて費用なのだ、と『マネジメント』（ダイヤモンド社）という本で書いています。

単なる費用 vs. 顧客創造への支出

　いくら余分に使っても顧客創造につながらないお金が費用です。例えば、あるコンビニは深夜営業をやめようと思いました。夜にお客がくるといっても2時、3時にくる人はほとんどいません。店を開けておくための電気代、アルバイトに払う給料を節約したいというわけです。夜に営業していることでお客が増えるわけではありません。かかるお金はすべて費用だと考えたのです。

　しかし別のコンビニは、24時間営業していること自体がより多くのお客を呼ぶ、つまり顧客を創造すると考えました。結果は深夜も店を開けたコンビニの売上が、もう一方のコンビニの売上を上回ることになりました。「いつでも開いている」という安心感がお客の足を店に向かせたのです。

顧客創造をグラフで表現すると

　マーケティング＝顧客創造だと考えて、その効果をグラフで示してみましょう。まず、商品は値段が高いと購入者は少なくなります。他方で、同じものでも低価格だと多くの人が購入します。こうした関係は右肩下がりのグラフで書くことができます。

同じ値段での顧客創造

　アサヒビールは、かつて大ヒットしたスーパードライを世に送り込んだ際、会社勤めの人たちが多く通る路上で大量の無料試飲を実施しました。消費者行動論によると、消費者に製品に対する注目（認知）をしてもらうのが購入への第一歩だということになります。いくらよい商品を開発しても、消費者がその存在を知らないと店に買いには来ません。そこで、多くの人にスーパードライの存在とよさを知ってもらうために、潜在顧客との接点を増やしたのです。

　アサヒビールが行った消費者のブランド認知を高める活動は成功をおさめました。同じ値段で、それなしでは実現しなかった多くの購入者を創造したのです。図で描くと、右肩下がりの直線を右に大きく平行移動させたということになります。

値下げでの顧客創造

　魅力的な商品を開発し高成長を実現した企業と言えば、ユニクロを展開するファーストリテイリングもその一つです。フリースに始まり、高い保温性を発揮するヒートテックなど高機能衣料を開発し、多くの消費者から支持を受けてきました。

　ユニクロの店頭に行けば、値下げで多くの顧客が創造されていることを実感できます。ある週末に私がユニクロで買い物しようと来店すると、人気の機能性下着が週末限定で値引きされていて、商品目当ての客がレジ前に長蛇の列を作っていました。しかも買い物かごの中には人気下着が大量に詰め込まれていました。値引きになった時にここぞとばかりまとめ買いしていたのです。ユニクロが商品の魅力を高め、値引きに敏感に反応する客をこれまで以上に増やした結果です。

値上げでの顧客創造

　ユニクロは値上げでも顧客創造に成功しています。同社は 2014 年 8 月以降に売り出す商品の本体価格を引き上げました。衣料品原料の国際価格が高騰していたからです。5% の値上げにもかかわらず、売上高は 2 割増えたといいます。他では手に入らない魅力的な商品を提供することで、値上げによる購入者減を最小限に抑えたのです。購入を控えたいが他にはないのでユニクロ商品を購入するという消費者は、マーケティングによって創造された顧客です。魅力的な製品を提供できていれば、値上げをしても購入者の数をそれほど減らすことにはならないのです。

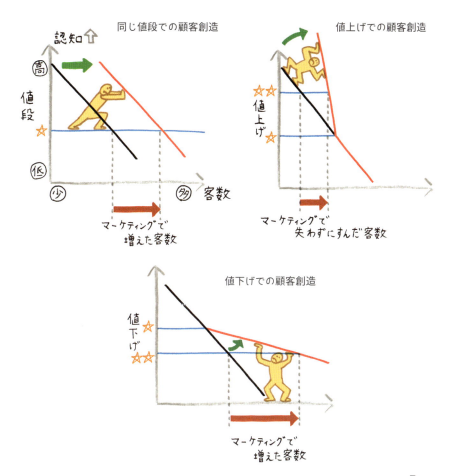

顧客を創造するだけでなく
需要を拡大再生産するのがマーケティングの仕事

　マーケティングは顧客を創造する。確かにそうです。ただ現場視点で見てみると、顧客を創造するだけで終わるマーケティングでは物足りないのではないでしょうか。去年より今年、今年より来年と、売上と利益を増やしてこそ企業は評価される。そういう目で企業を見てみると、アップルはまさにそれを実現して多くの人たちから賞賛を受けた企業です。

需要の拡大再生産のルート

　ある日、アップルで営業を担当していた社員に話を聞くことがありました。取引先との関係で潮目が変わったと実感できたのは、アイフォンが出た時だそうです。家電量販店のバイヤーの態度が、アイフォンの発売を機に豹変したということでした。それまでのつれない態度が、突然、なんとしてでも御社の製品をわが社で取り扱わせてください、そのためならなんでもしますと言わんばかりの態度になったというのです。それほどアイフォンはアップル製品に対する消費者や流通企業の認知を高め、他のアップル製品の販売も容易にしたということになります。

　アイフォンを購入して気に入ると、今度はアップルのノートブックパソコンが欲しくなる。さらに iPad が発売されるとそれも買いたくなる。アップルはアイフォンで消費者の心をつかむと、次々と消費者が買いたくなる商品を市場に投入し、需要を拡大再生産していきました。アップルのように、製品の購入者を創造するだけでなく、貨幣の裏付けのある欲望、つまり需要を拡大再生産していく。これこそがマーケティングなのです。

　アップルが行ったことを少し抽象化して整理してみましょう。需要の拡大再生産を実現していくのは次のようなルートです。まず消費者は製品を購入して製品に満足します。気に入ったらその製品を再購入したり、最新版のものが出たらそれを購入します。さらにそこで満足すると、そのブランドや企業が提供する他の製品も購入するようになります（関連購入）。そのブランドや企業の信者になった場合には、知人にも購入して使ってみることを勧めるようになります（推奨購入）。勧められたことをきっかけに、購入した知人が製品に満足すれば、再購入、関連購入、推奨購入ともう一つ別のループが生まれることになります。こうした一連のループが増え、広がっていくことで、需要が拡大再生産されていくのです。

顧客満足が需要の拡大再生産のエンジン

　このように見てみると、需要の拡大生産が起こるエンジン部分が、顧客満足であることが分かります。次に、顧客満足とは何かを理解するのに役立つ事例を紹介しましょう。実は日本のトヨタ自動車と米国のGMは、1984年に米国西海岸にNUMMIという工場を合弁で作りました。トヨタは米国での社員管理を、GMはコンパクトカーの生産方法を、NUMMIという合弁事業の工場で学ぼうと思ったのです。

　NUMMIで生産された車ですが、実は、1988年から2000年はじめまで同じ車を両社は違う名前で販売していました。おもしろかったのは、同じ車だったにもかかわらず、トヨタ車の購入者とGM車の購入者の顧客満足の得点が違っていたことです。トヨタ車よりGM車が、顧客満足度が高かったのです。どうしてそんなことが起こったのでしょうか。

顧客満足では事前の期待がカギ

　この謎を解くカギは、顧客が購入する前に持った各車への期待の高さです。トヨタはすでに当時、高い品質の車を生産することで知られていて、購入者は、めったに故障しない高品質の車という期待を事前に持っていました。一方、GM車の購入者の期待はそれほど高くなく、故障がなければそれはそれでありがたいが、故障があっても想定内といった態度でした。結果として、トヨタ車は思ったほど品質が高くなく、GM車は思った以上によくできた車だという評価になりました。そこで、事前期待が高かったトヨタ車の顧客満足は、事前満足が低かったGM車よりも顧客満足スコアで低い評価になったというわけです。

　このように顧客満足は、顧客が事前に抱く期待に対しての実際の実現値で決まります。同じ品質であっても事前の期待が高ければ不満足の評価となり、期待が低ければ高い評価となるのです。

顧客の期待に応えてはダメ

　だとすれば、顧客に満足してもらおうと思うなら顧客の（事前の）期待に応えるだけでは十分ではないということになります。期待に応えるだけでは「普通」という評価になってしまいます。顧客の事前の期待を超えてはじめて顧客は満足してくれるのです。また、顧客に購入してほしいばかりに大風呂敷をひろげ顧客に過度な期待を持たせることも禁物です。結果として満足度が低くなってしまい再購入や関連購入につなげられなくなってしまうからです。

顧客満足は大縄跳びのように決まる

　さらに、顧客満足は大縄跳びのように決まることも覚えておかなくてはいけません。大縄跳びでは、それまでいくら上手に跳べていても、最後に大縄に入った人が上手に跳べず足をひっかけてしまえば、そこで縄跳びが終わってしまいます。つまり、一番実行水準が低いところが大縄跳び全体の成果を決めてしまうのです。顧客満足は大縄跳びに似ています。一番満足の低いところが全体の顧客満足に大きな影響を与えてしまうのです。

　先日、イタリアンを食べにいきました。デザートまではすばらしい出来で、本当においしいものばかりでした。しかし最後のデザートが出された時、紅茶を入れる時の温度管理が上手くできていなかったからでしょう、紅茶が苦く、それまでの気持ちの高揚があっという間に冷めてしまいました。私のイタリア料理店の評価が、最後の紅茶の味で決まってしまったのです。

　顧客満足が需要の拡大再生産のエンジンである以上、企業は顧客の事前期待を正確に把握し、どの点でも期待を下回ることなく、ある側面では期待を大きく超える製品・サービスを提供することを目指さないといけません。このことは決して忘れてはいけないことです。

2　マーケティングで大切なこと

部門ごとに違う優先順位

　同じ企業で働いていても、職場ごとに大切にされていることは違います。部門によって優先順位の中身が変わるのです。研究・開発部門では「独自性」、生産部門では「生産量の平準化」、人事では「評価の公平性」がキーワードになるでしょう。

「ユーザーが望んでいる」と「上手にできる」

　では、マーケティングではどうでしょうか。二つの軸を使って考えてみましょう。横軸はユーザーが望んでいるものかどうか、縦軸は他社よりも上手にできているかです。それぞれの軸について「はい」なら○を、「いいえ」なら×をつけてみると４つのマスができます。

	お客が望む ○	お客が望む ×
上手にできる ○	1	4
上手にできる ×	2	3

ユーザーが望んでいて上手にできる

4つのマスのうち一番望ましいのは、ユーザーが望んでいるものを上手に提供できているところです。コンビニのセブン - イレブンや自動車のトヨタがここに分類されるでしょう。最近使われはじめたバリュープロポジションという考え方で言えば、企業はここを狙えということになります。ユーザーが望み、他社が提供できない商品やサービスを提供しましょうというのです。

上手にできるからやり続けるはダメ

確かにこの考え方は正しいです。しかし、少し考えると当たり前すぎる話ではあります。しかも多くの企業は、ここに分類できる事業をもっていなかったり、見つけられないから困っているのではないでしょうか。

1に分類されない事業を展開している企業にとって、重要なのは二つの点においてです。とりわけ最悪なのは、他社よりも「上手」にユーザーが「望んでいないもの」を提供している場合です。マスについている数字で、一番悪い数字4が入っているのはそのためです。他社よりも上手にできているという理由で、ユーザーがもはや望んでいないものを提供し続けるということはありがちです。自社はそんな事業を行っていないか自問自答してみることが必要です。

3本セットの歯ブラシ

　昔、スーパーに聞き取りに行った時のことです。オーラルケアの売場担当者が私にこう聞きました。「小川先生、小売業はお客といつも接しているので、お客のことをちゃんと理解できていると思うでしょ」と。私は「はい」と答えました。すると担当者は言い返しました。「私もそう思っていました。でもそうとは限らないということに昨日気づいたのです」。

　彼の説明は次のようなものでした。昨日、中年の女性客が彼のところへ来て、売場で3本セットで売っている歯ブラシを見せ、この歯ブラシは同じ色が3本だけど、違う色が入って同じくらいの値段のものはないかと尋ねました。彼は、同じ色のものを3本セットにしているから生産や包装時の手間が省けて、今の値段で販売できているのですよ、他の色も入ったものにすると値段が上がってしまうのです、と説明しました。女性は説明を聞き、歯ブラシ売り場に戻っていきました。なので、担当者はその時、お客は納得して帰ったのだと思いました。

　しかし、仕事を終え家に帰って風呂に入っていたときに、はっと気づいたのです。家族で同じ色の歯ブラシを使っているところなんてあるだろうか。青は父さん、赤は母さん、ピンクは娘、と誰の歯ブラシかを色で分かるようにして使うのが普通ではないかと。きっと昼のお客は家族で使う3本セットの歯ブラシを探していて、それを私にたずねたに違いなかったのです。なんてとんちんかんな答えを自分はしてしまったのか、そう気づいたのだと彼は言いました。

　上手に（効率的に作業ができて安い値段で提供）できているからといって、お客がそれを望んでいるとは限らない。自分たちが上手にできているからこそ、そこに落とし穴があるのだとスーパーの店員は気づいたのです。

　このような上手にできているからという理由で、ユーザーが望んでいないものを提供し続けてしまうという事態は、絶対に避けなくてはいけません。

下手でも正しいことを

　マーケティングで優先されるのは、他社よりも上手にできているかどうかではありません。ユーザーが望むものを提供しているかどうかです。キーワードは「方向性」、ユーザーにとって正しい方向で、製品やサービスを提供できているかを絶えず意識しないといけません。下手であっても正しいものを提供する。それがマーケティングの最優先課題なのです。

アマゾンの事例

　とりわけ新しい市場は、どの企業もユーザーに最初から上手に製品・サービスを届けられるものではありません。例えば、ネット販売の最大手アマゾンドットコムが日本に進出してきた時、多くの日本人は、支払をネット上で、クレジットカードを使ってする方法しかないことに戸惑いました。購入時にサイトに入力するカード番号が、悪用されるのではないかと恐れたのです。ただし、提供されているサービスはユーザーが望むものでした。空間に限りある実店舗だったら陳列できない膨大な書籍を、ネットで閲覧でき購入できたのです。

　その後、アマゾンは時間をかけてさまざまな方法で支払ができるようにし、ユーザーが一番便利だと思う決済方法を選べるようにしていきました。最初は決済の仕組みが不十分（下手）だったのが、時間をかけ消費者が不安なく安全に支払ができるようにしていったのです。下手でも正しいことをしていれば、いずれ上手に正しいことができるようになるのです。

199X年

20XX年

競争戦略論ならこう考える

　ここで「ユーザーにとって正しい」という言葉の意味を、もう少し考えてみましょう。マーケティングで「正しい」というのは、単にユーザーがその製品・サービスを望み、その結果として企業が高い利益をあげることができる、ということを意味するわけではありません。

　競争戦略にとって「正しい」とは、高い利益率が実現されているということです。それはユーザーが望む製品・サービスを提供し、高い支持を得ている結果だと考えるからです。

　競争戦略論の大御所でハーバードビジネススクールのマイケル・ポーターは、対象とする業界が、そもそも儲かる業界なのかそうでないかを見分ける「5つの力モデル（Five Force Model)を提唱して一躍有名になりました。2015年、日本球界の広島東洋カープで活躍した黒田博樹投手は、アメリカ大リーグで活躍した後、大リーグ球団との年俸21億円の契約を蹴って、日本に戻り4億円でプレーしたと言われています。同じ選手でもアメリカでプレーするか日本で野球をするかで、17億円も稼ぎが変わったというわけです。ポーターは、企業も同じで、活動する場所（業界）が違えば稼ぎ（利益率）が違うのだから、どうせなら利益率が高くなる業界で活動することを考えましょう、と主張しているのです。

　その稼ぎの多さを教えてくれるのが5つの力です。（1）その業界が血で血を洗う価格競争をしているか、していないか。（2）簡単に参入できるほど参入障壁が低いか、逆に参入できないほど障壁が高いか。（3）販売価格の決定に対する買い手の発言力が大きいか小さいか（買い手の交渉力）。（4）調達価格の決定に対する素材や原料の供給業者の発言力が大きいか小さいか（売り手の交渉力）。最後に（5）代替品の脅威があるかどうか。こうした5つの力を検討することで、業界の収益性が分かるというのです。

　業界内の価格競争が激しく、参入障壁が低く、買い手と売り手の交渉力が強く、魅力的な代替品があると業界は低収益になります。逆にライバル同士は価格競争以外で競争をしており、参入障壁が高く、買い手も売り手も交渉力が弱く、代替品もない業界は、だまっていても儲かる業界だというのです。こうした枠組みにもとづいて、ポーターは、できるだけ業界構造的に後者の状況に近い業界で活動すべきだと説きます。もやしっ子でも勝てる土俵を見つければ、

そこで勝者として君臨できるという理屈です。

実際、日本の売上高純利益率の業界ランキングを見てみると、銀行業や証券業は15%を越える高収益業界です。一方、二輪車・バイクといった業界は、低収益ではないものの、4%とトップランクの業界とは10%以上の差があります。低収益業界となると、さらにもっと大きな差が高収益業界との間にあるのでしょう。

確かに自分の会社が儲かっていることはよいことです。自分がもらう給料も高い利益率が反映されたものになっているのでしょう。しかし、経営者の人たちは、高い収益性だからという理由だけでその業界で事業を立ち上げたり、事業を営んだりしているのでしょうか。社員は、儲けている会社だからそこで働いている（働きたいと思う）のでしょうか？

事業の定義

　いえ、そうではないでしょう。事業には社会に存在し続けるための使命（ミッション）があるはずです。創業者は、自分が構想する事業の社会的必要性を感じ起業し、経営者は、企業としてのミッションにもとづいて事業展開を考え、社員も、企業がかかげる事業ミッションに共鳴したから、入社を決め働いているのではないでしょうか。

　だとすれば、自分達の事業は社会にどのような形で貢献する（したいと思っている）のかについて、簡潔に表現する「事業の定義」が会社経営には重要だということになります。

マーケティング思想家で有名だったハーバードビジネススクールのセオドア・レビットは、1960年の「マーケティング近視眼」という論文で、事業の定義の重要性について主張しました。1900年初頭、鉄道会社は飛ぶ鳥を落とす勢いで成長していました。今で言えばGoogleやFacebookといった企業にあたるでしょう。その後、鉄道会社の成長は鈍化するのですが、レビットは、鉄道会社がそうなったのは、自らの事業を鉄道事業と定義し、鉄道を使った事業しか行わなかったからだと指摘しました。鉄道事業でなく輸送事業と定義していれば、他の輸送事業に進出することで成長の鈍化から逃れられたかもしれないというのです。実際、旅客と貨物輸送の需要は減っていませんでした。バスやトラック、航空機（今だったらロケットかもしれない）を使った旅客や貨物輸送事業を展開する余地は大いにあったのです。

　事業の定義という視点で、ホンダの事業展開を見ると思わずうなってしまうほどの一貫性があります。ホンダは「モビリティ（移動）」という点から企業成長を図っているからです。バイクでは二輪での移動、自動車では四輪での移動（そういえば、船を移動させる船外機の事業も手掛けています）、最近で言えば、ロボットもそうです。二足歩行は二つの足を使った移動ですし、飛行機の開発も空での移動手段を提供するものです。

　このように事業を定義することは、顧客にどんな機能や便益を提供することで社会に貢献するかを決めることであり、企業成長の軌道に大きな影響を与えることになります。だとすれば、マーケティングでいう「ユーザーにとって正しい」には、自社のありたい姿である事業の定義が、ユーザーの現在と未来の生活の中に望ましいものとして、場所を確保できていることも含まれることになります。

3 マーケティングの打ち手

新しい市場の開拓

　マーケティングの前提になる考え方や、優先順位について説明してきましたが、いよいよ具体的なマーケティングの打ち手について紹介することにしましょう。

　ただ一つの製品ですべての消費者を満足させることは、企業にとって理想でしょう。しかし、一度、特定の製品が消費者に支持され大きな市場が存在することが明らかになれば、他の企業が似た商品で市場に参入してくるのが普通です。あまりに多くの企業が参入してくれば、一つのパイを取り合う競争になり、最後には価格競争になってしまうかもしれません。

同じ刺激で違う反応

　競合企業との競争から抜け出すためには、新しい市場を切り開く必要があります。その方法の一つが市場細分化です。市場細分化の鍵は、同じ刺激を与えると違う反応をするユーザーの集団を見つけだすところにあります。大晦日の紅白歌合戦で歌う演歌歌手に対する、年輩者と若者の反応の差を想像してみるといいでしょう。年輩者が、なじみある歌手のこぶしのきいた曲を喜ぶ一方で、若者は早く終われと心で願います。

　成熟していると思われた市場に、斬新な市場細分化で新規参入を試み、成功させた例として花王のヘルシアがあります。花王は肥満を気にしている中年男性が多いことに目をつけました。そこで緑茶に含まれるカテキンを多めに含む、脂肪を燃焼する健康緑茶ヘルシアを開発し市場に参入しました。大手飲料メーカーのほとんどはこの時、花王の動きを静観し、かなりの期間、類似商品を市場に投入しませんでした。手強いライバル製品が登場することもなかったこともあり、ヘルシアは大成功をおさめ今でもコンビニの定番となっています。

　ヘルシアの成功後、私は大手飲料メーカーを訪ね、どうしてヘルシアの類似製品を、花王に先行して市場に投入しなかったのか質問してみました。彼らならヘルシア緑茶の類似製品を簡単に開発できただろうし、実際、すでに開発していたのではないかと思ったからです。しかし、訪問したすべてのメーカーの開発担当者の答えは同じでした。「わが社ではヘルシアのような製品は決して市場に出すことはありません。まずあんなまずい（苦い）製品を飲料メーカーとして出すことはできません。またあんな高い（30円以上は他の緑茶より高かった）緑茶を市場に出すなんて考えられません」というのです。
　確かに普通の緑茶を愛飲する消費者にはヘルシアは苦すぎるし、値段も高めでした。しかし肥満を気にしている中年男性にとって話は別でした。ヘルシアを健康飲料として見れば少々苦くてもしようがないし、実際、健康飲料の青汁ほどまずくないし値段も手頃だったのです。しかも特別なシーンでなく、普段の生活場面で緑茶として飲めばよいのだから一石二鳥というわけです。大手飲料メーカーは、こうした消費者心理を読み切ることができず、健康緑茶という新しい市場細分での戦いに遅れをとることになったのです。

市場細分化の代表的基準

　市場を細分化する基準として、教科書に書かれているのは次のようなものです。一つ目が地理的なもの。カルビーは朝食用シリアルを販売し始めた時、西洋風な生活を送っている人が多い東京自由が丘では売れ、同じ東京でも、下町的雰囲気を持つ巣鴨では売れないという経験をしたといいます。二つ目が年齢や性別、家族構成といった人口統計的基準です。幼児を持つ家庭では安全安心な食品を購入する傾向がありますが、子供が巣立ち、ある程度、貯えのあるシニア世代の夫婦は、少し贅沢な食材を購入する傾向があります。三番目の基準はライフスタイルや性格といった心理的なものです。私の家の近くにはモヒカンのようなアナーキーな髪型だけをセットする理美容院がありますが、得意客だけでも十分経営が成り立っているようです。最後に使用頻度や使用場面といった行動を切り口とする基準があります。誰とどこで会う約束をしているかで着る服やはいていく靴を変えるというのは、誰もが経験していることでしょう。

市場細分化のポイント

　では、市場細分化が上手にできている時のポイントは何でしょうか。それには三つあると言われています。一つは工場で生産をするために最低限必要とする人数分（ロット数）、同じ刺激に対して同じ反応をする消費者の集団が存在するということです。二つ目は特定のメディアやチャネルで市場細分に到達できることです。例えば男性誌の LEON は 45 歳以上の高所得者を読者層としています。時計や外国車といった高級ブランドメーカーにとって、自分たちが標的とする層にメッセージを送るには、この雑誌はまさにうってつけのメディアです。市場細分化の三つ目のポイントは測定ができるということです。例えば、コンビニのレジでは購入者を女か男か、年齢は何歳代かといった区分で分類し、それに紐づけた販売データを利用しマーケティングを行っています。こうした一目で見て分かる特徴は、市場細分化の基準として有効です。それは自社のマーケティングが成功しているかどうか、簡単にデータをとって検証できるからです。

同じ市場細分に対して差をつくる

　市場をある基準で異なる細分に分けるのが市場細分化でした。それに対し、同じ市場細分を標的とする競合品との差をつくり、意図する市場細分にその差を訴求することを差別化といいます。差別化は三つの視点から行うことができます。一つ目が製品で差別化する製品差別化で、マーケティングの教科書で普通、差別化と言えばこの製品差別化を指します。例としては宅配ピザで、ある企業のピザは、軽井沢の有名パン専門店と共同開発しているためパンがおいしく、別の企業の場合は、耳が大きく食べ応えがあるといったものがあります。他社にない特徴を製品にもたせ、その差で消費者の愛顧を勝ち取ろうとしているのです。

ブランドで差別化する

　第二の差別化の方法はブランドを通じてのものです。ブランドで消費者に訴求しようとする場合、注意しなければいけないのは、ブランド力は、自社が提供する製品やサービスの客観的性能だけで決まるわけではないということです。ブランド力は、あくまで消費者がどれだけその製品やサービスに「ブランドらしさ」を感じているかで決まるのです。

　ずいぶん昔の話で今とは状況が違うのですが、パナソニックのノートパソコンを担当する社員が、ソニーの VAIO とほぼ同じ製品性能なのに、VAIO はわが社のパソコンより3割高い値段で売られていて人気があり、それがくやしくてしようがないと社内の研修で発表していました。そこで彼は、わが社のパソコンの性能の高さについて、ちゃんと消費者に伝えることでブランド力を高めたいと話していました。

　しかし、当時、消費者は製品性能が高かろうが低かろうが、故障率が高かろうが低かろうが、VAIO を持っていることを「かっこいい」と思っていました。パナソニックのパソコンが故障したら「なんだ、パナソニックなのに故障するのか」と言う同じ消費者が、VAIO が故障すると「ソニーらしい、開拓者だから不具合があるのは当然だよな」と思っていたのです。ブランド力をつけたいと思う企業は、こうしたブランドの性質を理解しておく必要があります。ブランドはユーザーの「心の中に」形成されるものなのです。

仕組で差別化する

　差別化の三番目の方法は仕組を通じたものです。コカ・コーラが日本で高い市場占有率を獲得できたのは、製品そのものの力だけでなく、他社を圧倒する数の自動販売機を展開できたからだと言われています。自動販売機を消費者が手軽に購入できる場所に設置し、定価で売り逃しなく販売する仕組を構築したのです。設置されている自動販売機は約100万台で、コンビニ最大手のセブン-イレブンの店舗数が約2万店（2015年8月現在）であることから、その設置台数の多さがわかります。コカ・コーラグループの飲料のほぼ半分は、自動販売機で販売されているといわれています。

　企業は製品やブランドだけでなく、仕組を通じても差別化できるのです。しかも仕組は多くの事業要素の組み合わせからできているため、製品よりも他社がマネするのが難しく、競争優位を持続できる時間が、製品を通じた場合よりも長くなります。

　2000年以降のアップルの成長を見ると、仕組を通じた競争優位の構築が見て取れます。デジタル機器の事業展開で、ソニーがアップルの後塵を拝し続けた一つの理由は仕組にあったと言えそうです。アップルにはiTunesストアがあり、ストアを通じて顧客経験を一元的に管理でき、顧客を簡単には逃さない仕組になっています。一方、ソニーにはそうした仕組がありません。まさにアップルは製品だけによって競争優位を持続しているわけでなく、仕組によって競争優位の長期化を実現できていたと言えるのです。

マーケティングミックス

　ここまで買い手間にある差の市場細分化と、企業（製品・サービス）間にある差の差別化について説明してきましたが、市場細分化と差別化がしっかりできていればそれで十分だと言えるでしょうか？　例えば、高級ブランドであるルイビトンが、スーパーで売られていても魅力的に見えるでしょうか？

　ルイビトンはやはり、百貨店やルイビトン自身が展開する路面専門店で販売する方が、スーパーで販売するよりも、提供したい価値を消費者に適切に伝えられるでしょうし、消費者の購入を促進するはずです。自社の商品を標的とするユーザーに購入してもらうためには、製品以外の要素についても一貫性を持たせなければならないのです。そうした標的顧客とマーケティング活動との間に一貫性を持たせることをマーケティングミックスと呼び、一貫性を持たせるべき要素を4Pと言います。

　4PはProduct（製品）、Price（価格）、Place（販路）、Promotion（販売促進）のことを指し、これら4つの要素に一貫性を持たせることが重要だというわけです。例えば、カルビーが北海道で、観光客向けのお土産として販売しているじゃがポックルという製品があります。この製品は北海道産の芋を使っているのが特徴で、18g 10袋入りで864円です。販売は土産品専門の問屋を通じ、北海道の空港売店など土産小売店で販売していて、商品が有名になったのは、飛行機の客室乗務員や北海道での団体旅行を担当する添乗員を通じた口コミだったといいます。

　同じカルビーは一般消費者向けに、じゃがビーというじゃがポックルの類似商品を販売しています。じゃがビーの値段は、じゃがポックルと販売単位を合わせると627円で、じゃがポックルより少し低めの価格設定です。販路はコンビニやスーパーで、販売促進はテレビコマーシャルを使って行っています。このように同じ会社の似た商品でも標的とする顧客が違えば、4Pの中身を全く異なるものにしなければならないのです。

4Pから4Cへ

　前項では、製品ごとに標的とする消費者が違う場合、異なる標的に合った4Pでマーケティングを行うことが重要だと学びましたが、もの不足の時代からもの余りの時代に突入し、インターネットが普及した現代において、4Pは時代遅れではないかと言われ始めています。どの製品を、いくらで、どのチャネルを通じて、どのようにメッセージを伝えて、顧客の購入を促進していくかという考え方自体、売り手視点のものです。そうではなく、買い手視点でマーケティング要素の組み合わせが考えられるべきではないかというのです。

　その変化は「4Pから4Cへ」という言葉で表現することができます。何を売るか（Product）ではなく「Customer Solution（顧客のどんな問題を解決するか）」、いくらで売るか（Price）ではなく「Customer Cost（顧客はいくら支払うのか）」と考えるべきで、同じように、どの販路を通じて売るか（Place）ではなく「Convenience（顧客にとってどれだけ買いやすいか）」、どのようにメッセージを伝えるか（Promotion）ではなく「Communication（顧客といかに対話するか）」という視点で考えなくてはならないというのです。

ユーザーの工場の生産性を高める企業

　こうした4Cの考え方でマーケティングを展開し、高収益を実現している企業があります。工場で使われるセンサーを販売しているキーエンスです。キーエンスの顧客は製造企業で、解決している顧客の問題（Customer Solution）は「工場の生産ラインの生産性の向上」です。顧客の支出（Customer Cost）についてはおもしろいエピソードがあります。キーエンスのセンサーのユーザーが「私の会社では御社のセンサーを購入しているが、わが社の販売している製品の単価は10円にも満たない。にもかかわらず、キーエンスのセンサーは数万円から数十万円もする。少し高いのではないか」とキーエンスの営業担当者に言ったそうです。その時、キーエンスの社員は「いえいえ、むしろ御社の何千万円もする生産ラインに、わずか数十万円のセンサーをつければ生産性が何倍にもあがるのですから、お安いお買い物だと思いますよ」と答えたといいます。

　顧客にとっての買いやすさ（Convenience）という点でもキーエンスは周到です。キーエンスが提供しているのは、ユーザーの生産ラインの生産性の向上です。だから、キーエンスの製品の故障で、生産ラインが止まることは許されません。なので、製品に不具合がでたら、その日のうちに交換部品を顧客のところに届けられる体制を整えています。また同社のセンサーを使った生産ラインの生産性向上についてわからないところがあれば、営業部隊が技術的なことについて顧客からの相談にいつでも適切に対応できるように、教育が徹底されています（Communication）。高収益の背後に4Cありということなのです。

この本でマーケティングっておもしろそうだ、もう少し勉強してみようかなと思った読者の方々には、次のような本を推薦したいと思います。

フィリップ・コトラー・ゲイリー・アームストロング・恩藏直人
『コトラー、アームストロング、恩藏のマーケティング原理』丸善出版
石井淳蔵・栗木契・嶋口充輝・余田拓郎
『ゼミナールマーケティング入門第2版』日本経済新聞出版社

久保田進彦・澁谷覚・須永努『はじめてのマーケティング』有斐閣
恩藏直人『マーケティング』日本経済新聞出版社
和田充夫・恩藏直人・三浦俊彦『マーケティング戦略 第4版』有斐閣

この本

基礎

入門

中級

はじめてのマーケティング
2016年5月3日　初版第1刷発行
2024年10月1日　　第5刷発行

文／小川進
絵／北村裕花
発行者／千倉成示
発行所／株式会社 千倉書房
〒104-0031 東京都中央区京橋 3-7-1
03-3528-6901（代表）　https://www.chikura.co.jp/

編集・ブックデザイン／ペグハウス
印刷・製本／藤原印刷
© Susumu Ogawa 2016
© Yuka Kitamura 2016
Printed in Japan
ISBN978-4-8051-1095-9　C0034

JCOPY ＜(一社)出版者著作権管理機構 委託出版物＞
本書のコピー、スキャン、デジタル化など無断複写は著作権法上での例外を除き禁じられています。複写される場合は、そのつど事前に（一社）出版者著作権管理機構（電話 03-5244-5088、FAX 03-5244-5089、e-mail: info@jcopy.or.jp）の許諾を得てください。また、本書を代行業者などの第三者に依頼してスキャンやデジタル化することは、たとえ個人や家庭内での利用であっても一切認められておりません。

乱丁・落丁本はお取り替えいたします。